우리 오빠와 화로

국립중앙도서관 출판시도서목록(CIP)

우리 오빠와 화로 / 지은이: 임화. -- 양평군 : 시인생각, 2013
  p. ; cm. -- (한국대표명시선 100)

"임화 연보" 수록
ISBN 978-89-98047-81-8 03810 : ₩6000

한국 현대시[韓國 現代詩]

811.61-KDC5
895.713-DDC21   CIP2013012931

한 국 대 표
명 시 선
1 0 0

임 화

우리 오빠와 화로

시인생각

■ 차 례 ─────────── 우리 오빠와 화로

1
네거리의 순이   11
우리 오빠와 화로   14
옛책   18
오늘밤 아버지는 퍼렁 이불을 덮고   23
밤 갑판 위   26
황무지   29
지도   32
해협의 로맨티시즘   35
일 년   39

한국대표명시선100 임 화

2

현해탄 43
어린 태양이 말하되 49
하늘 52
최후의 염원 54
지상의 시 56
너 하나 때문에 58
적敵 60
세월 62
암흑의 정신 65

3 야행차夜行車 속　73
홍수 뒤　76
낮　78
차중車中 —추풍령　82
자고 새면　84
화가의 시詩　86
탱크의 출발　88
지구와 박테리아　90
가을바람　92

4

바다의 찬가　97
새 옷을 갈아입으며　100
양말 속의 편지　102
행복은 어디 있었느냐　105
한 잔 포도주를　110
9월 12일 −1945년, 또다시 네거리에서　112
3월 1일이 온다　115
깃발을 내리자　118
학병學兵 돌아오다　120
초혼招魂　123

임화 연보　124

1

네거리의 순이

네가 지금 간다면, 어디를 간단 말이냐?
그러면, 내 사랑하는 젊은 동무,
너, 내 사랑하는 오직 하나뿐인 누이동생 순이,
너의 사랑하는 그 귀중한 사내,
근로하는 모든 여자의 연인……
그 청년인 용감한 사내가 어디서 온단 말이냐?

눈바람 찬 불쌍한 도시 종로 복판에 순이야!
너와 나는 지나간 꽃 피는 봄에 사랑하는 한 어머니를
눈물 나는 가난 속에서 여의었지!
그리하여 너는 이 믿지 못할 얼굴 하얀 오빠를 염려하고,
오빠는 가냘핀 너를 근심하는,
서글프고 가난한 그날 속에서도,
순이야, 너는 마음을 맡길 믿음성 있는 이곳 청년을 가졌었고,
내 사랑하는 동무는……
청년의 연인 근로하는 여자 너를 가졌었다.

겨울날 찬 눈보라가 유리창에 우는 아픈 그 시절,
기계 소리에 말려 흩어지는 우리들의 참새 너희들의 콧노래와
언 눈길을 걷는 발자국 소리와 더불어 가슴 속으로 스며드는
청년과 너의 따뜻한 귓속 다정한 웃음으로

우리들의 청춘은 참말로 꽃다왔고,
언 밥이 주림보다도 쓰리게
가난한 청춘을 울리는 날,
어머니가 되어 우리를 따듯한 품속에 안아 주던 것은
오직 하나 거리에서 만나 거리에서 헤어지며,
골목 뒤에서 중얼대고 일터에서 충성되던
꺼질 줄 모르는 청춘의 정열 그것이었다.
비할 데 없는 괴로움 가운데서도
얼마나 큰 즐거움이 우리의 머리 위에 빛났더냐?

그러나 이 가장 귀중한 너 나의 사이에서
한 청년은 대체 어디로 갔느냐?
어찌 된 일이냐?
순이야, 이것은……
너도 잘 알고 나도 잘 아는 멀쩡한 사실이 아니냐?
보아라! 어느 누가 참말로 도적놈이냐?
이 눈물 나는 가난한 젊은 날이 가진
불쌍한 즐거움을 노리는 마음하고,
그 조그만 참말로 풍선보다 얇은 숨을 안 깨치려는 간지런 마음하고,

말하여 보아라, 이곳에 가득 찬 고마운 젊은이들아!

순이야, 누이야!
근로하는 청년, 용감한 사내의 연인아!
생각해 보아라, 오늘은 네 귀중한 청년인 용감한 사내가
젊은 날을 부지런한 일에 보내던 그 여윈 손가락으로
지금은 굳은 벽돌담에다 달력을 그리겠구나!
또 이거 봐라, 어서.
이 사내도 네 커다란 오빠를……
남은 것이라고는 때 묻은 넥타이 하나뿐이 아니냐!
오오, 눈보라는 '트럭'처럼 길거리를 휘몰아 간다.

자 좋다, 바로 종로 네거리가 예 아니냐!
어서 너와 나는 번개처럼 두 손을 잡고,
내일을 위하여 저 골목으로 들어가자,
네 사내를 위하여,
또 근로하는 모든 여자의 연인을 위하여……

이것이 너와 나의 행복된 청춘이 아니냐?

우리 오빠와 화로

　사랑하는 우리 오빠 어저께 그만 그렇게 위하시던 오빠의 거북 무늬 질화로가 깨어졌어요
　언제나 오빠가 우리들의 '피오닐' 조그만 기수라 부르는 영남永南이가
　지구에 해가 비친 하루의 모든 시간을 담배의 독기 속에다
　어린 몸을 잠그고 사온 그 거북 무늬 화로가 깨어졌어요

　그리하여 지금은 화火젓가락만이 불쌍한 영남이하구 저하구처럼
　똑 우리 사랑하는 오빠를 잃은 남매와 같이 외롭게 벽에가 나란히 걸렸어요

　오빠……
　저는요 저는요 잘 알었어요
　왜 그날 오빠가 우리 두 동생을 떠나 그리로 들어가실 그날 밤에
　연거푸 말은 궐련卷煙을 세 개씩이나 피우시고 계셨는지
　저는요 잘 알었어요 오빠

언제나 철없는 제가 오빠가 공장에서 돌아와서 고단한 저녁을 잡수실 때 오빠 몸에서 신문지 냄새가 난다고 하면
 오빠는 파란 얼굴에 피곤한 웃음을 웃으시며
 ……네 몸에선 누에 똥내가 나지 않니―하시던 세상에 위대하고 용감한 우리 오빠가 왜 그날만
 말 한마디 없이 담배 연기로 방 속을 메워버리시는 우리 우리 용감한 오빠의 마음을 저는 잘 알았어요
 천정을 향하여 기어 올라가던 외줄기 담배 연기 속에서 ― 오빠의 강철 가슴 속에 박힌 위대한 결정과 성스러운 각오를 저는 분명히 보았어요
 그리하여 제가 영남이의 버선 하나도 채 못 기웠을 동안에
 문지방을 때리는 쇳소리 마루를 밟는 거치른 구두 소리와 함께― 가 버리지 않으셨어요

 그러면서도 사랑하는 우리 위대한 오빠는 불쌍한 저의 남매의 근심을 담배 연기에 싸두고 가지 않으셨어요
 오빠― 그래서 저도 영남이도
 오빠와 또 가장 위대한 용감한 오빠 친구들의 이야기가 세상을 뒤집을 때

저는 제사기製糸機를 떠나서 백 장에 일 전짜리 봉통封筒에 손톱을 부러뜨리고
영남이도 담배 냄새 구렁을 내쫓겨 봉투 꽁무니를 뭅니다
지금— 만국지도 같은 누더기 밑에서 코를 고을고 있습니다

오빠— 그러나 염려는 마세요
저는 용감한 이 나라 청년인 우리 오빠와 핏줄을 같이 한 계집애이고
영남이도 오빠도 늘 칭찬하든 쇠같은 거북무늬 화로를 사온 오빠의 동생이 아니에요
그리고 참 오빠 아까 그 젊은 나머지 오빠의 친구들이 왔다갔습니다
눈물 나는 우리 오빠 동무의 소식을 전해주고 갔어요
사랑스런 용감한 청년들이었습니다
세상에 가장 위대한 청년들이었습니다

화로는 깨어져도 화젓갈은 깃대처럼 남지 않었어요
우리 오빠는 가셨어도 귀여운 '피오닐' 영남이가 있고
그리고 모든 어린 '피오닐'의 따뜻한 누이 품 제 가슴이 아직도 더웁습니다

그리고 오빠……
저뿐이 사랑하는 오빠를 잃고 영남이뿐이 굳세인 형님을 보낸 것이겠습니까
슬지도 않고 외롭지도 않습니다
세상에 고마운 청년 오빠의 무수한 위대한 친구가 있고 오빠와 형님을 잃은 수없는 계집아이와 동생
저희들의 귀한 동무가 있습니다

그리하여 이 다음 일은 지금 섭섭한 분한 사건을 안고 있는 우리 동무 손에서 싸워질 것입니다

오빠 오늘 밤을 새어 이만 장을 붙이면 사흘 뒤엔 새 솜옷이 오빠의 떨리는 몸에 입혀질 것입니다

이렇게 세상의 누이동생과 아우는 건강히 오늘 날마다를 싸움에서 보냅니다

영남이는 여태 잡니다 밤이 늦었어요

— 누이동생

옛 책

무더운 여름 한밤의 깊은 어둠이
모색의 힘든 노동에 오래 시달린
내 노력의 전신을 지긋이 누른다.

꺼칠한 눈썹 아래 푹 꺼진 두 눈,
한 끝이 먼 희망의 항구로 닿아 있어,
아이 때 쫓던 범나비 자취처럼
잡힐 듯 말 듯 젊은 날의 긴 동안을 고달피던
꿈길 아득한 옛 기억의 맵고 쓴 나머지를
다시 그러모아 마음의 헌 누각을 중수重修하려
몇 번 힘을 내고 눈알을 굴려 방안의 좁은 하늘을 헤매었
는가?

그러나
검은 눈썹은 또다시 피로에 떨면서,
길게 눈알을 덮고,
죽음의 억센 품안에서 몸을 떨쳐 휘어나려
오늘도 어제와 같이 고된 격투에 시달린 육신은
푸근히 식은땀의 샘을 터치며
쭉 자리 위에 네 활개를 내어던진다.

그러면 벌써 나의 배는 파선하고 마는 것일까?
한 조각의 썩은 널조차 나를 돌보지 않고,
그것 없이는, 정말로 그것 없이는,
평탄한 물에서도 온전히 그 길을 찾을 수 없는
진리에로 향한 한 오리 가는 생명의 줄까지도
인제는 정말로 끊어져,
손을 들어 최후의 인사를 고하려는가?
오오, 한 줌의 초라한 내 머리를 실어 오랜 동안,
한 마디 군소리도 없이 오직 나를 위하여 충실하던 내 조그만 베개
반딧불만한 희망의 빛깔에도 불길처럼 타오르고,
풀잎 하나 그 앞을 가리어도 천干 오리 머리털이 활줄같이 울던
청년의 마음을 실은 내 탐탁한 거루인 네가
이제는 저무는 가을의 지는 잎 되어 거친 파도 가운데 엎드러지면서,
그 최후의 인사에 공손히 대답하려는가?

나는 다시 한 번 온몸의 격렬한 전율을 느끼며,
춥고 바람 부는 삼동의 긴 겨울밤,

그렇게도 잘 새벽 나루로 나를 나르던,
내 착하고 충성된 거루의 긴 항행을 회상한다.
굴욕의 분함이 나를 땅바닥에 메다쳤을 제도,
너는 보복의 뜨거운 불길을 가지고 나를 일으키었고,
패퇴의 매운 바람결이
내 마음의 엷은 피부를 찢어,
절망의 깊은 골짝 아래 풀잎같이 쓰러뜨렸을 그때에도,
너는 어머니와 같이 나를 달래어 용기의 귀한 젖꼭지를
빨리면서,
아침 해가 동쪽 산머리에 벙긋이 웃을 때,
이르지도 않게 늦지도 않게 새벽 항구로 나를 날랐었다.

지금
우리들 청년의 세대의 괴롭고 긴 역사의 밤,
검은 구름이 비바람 몰고 노한 물결은 산더미 되어,
비극의 검은 바다 위를 달리는 오늘
그 미덥던 너도 돛을 버리고 닻줄을 끊어,
오직 하늘과 땅으로 소리도 없는 절망의 슬픈 노래를 뜯어,
가만히 내 귓전을 울린다.

오오, 이것이 청년인 내 죽음의 자장가인가?

나는 참을 수 없는 침묵에서 몸을 빼어 뒤척일 때,
거칫 손에 닿는 조그만 옛 책자를 머리맡에서 집었다.

책장은 예와 같이 활자의 종대縱隊를 이끌고,
비스듬히 내 손에서 땅을 향하여 넘어간다.

이곳저곳에 굵게 내리그은 붉은 줄,
틈틈이 빈 곳을 메운 낯익은 내 서투른 글씨,
나는 방안 그득히 나를 사로잡은 침묵의 성城돌을 빼는,
그 귀여운 옛 책의 날개 소리에 가만히 감사하면서,
프르륵 최후의 한 장을 헛되이 닫칠 때,
나는 천지를 흔드는 포성에 귓전을 맞은 듯,
꽉 가슴에 놓인 빙낭氷囊을 부여잡고 베개의 깊은 가슴에
머리를 파묻었다.

N. 레닌 저著 『1905년의 의의』

1905년!

1905년!

베개는 노래의 속삭임이 아니라, 위대한 진군의 발자국 소리를,
어둠은 별빛의 실이 아니라, 태양의 타는 열과 눈부신 광채를,
고요한 내 병실에 허덕이는 내 가슴속에 들어붓고 있다.

저 긴, 긴 북국의 어두운 밤,
얼마나 더럽고 편하게 그자들은 살고,
얼마나 깨끗하고 괴롭게 그들은 죽었는가?
밝은 것까지도 밤의 질서로 운행되어 가는
이 괴롭고 긴 밤,
죽음까지도 사는 즐거움으로 부둥켜안은 청년의 아픈 행복을,
나는 두 눈을 감아 아직도 손바닥 밑에 고요히 뛰고 있는,
내 정열의 옛 집에서 똑똑히 엿들었다.

오늘밤 아버지는 퍼렁 이불을 덮고

　오늘밤 아버지는 퍼렁 이불을 덮고
　노들강 건너편 그 조그만 오막살이 속에 잠자는 네 등을 두드리고 있다.
　그리고 지금 나는 네가 일에 충성된 것을 생각하며 대님을 묶은 길다란 바지가 툭 터지는 줄도 모르고
　첩첩이 닫힌 창살문 밖에 밝아가는 하늘을 바라보며 두 다리를 쭉 뻗고 있다.
　아직도 내가 동무들과 같이
　오토바이에 실려 '불'로 '×××'로 끌려다녔을 때 너는 어린 개미처럼 '사시이레'* 보통이 끼고 귀를 에이는 바람이 노들강 위를 불어나리고
　있는 집 자식들이 털에 묻혀 스케트 타는 얼음판을 건너 하루같이 영등포에서 서울로 아버지를 찾아왔다.
　나는 네가 착한 아이라고 칭찬한다.
　그러나 만일 네가 그것 때문에 조금치라도 일을 게을렀다면은
　네가 정성을 다하여 빨아 오는 그 양말짝이나마
　어떻게 아버지는 마음 놓고 발에 신을 수 있었겠느냐
　벌써 섣달!
　동무들과 같이 아버지가 한데 묶여 ×무소로 넘어올 때

그때도 너는 울지 않고 너는 손을 흔들며 자동차를 따라왔다.
그러나 만일 네가 만일 네가
아버지 자식의 사이를 잡아 제친 온 동무들과 우리들 사이를 잡아 제친
이 일을 네가 새로운 사업을 위하야 생각하지 않았다면은
너를 잊어버리지 않고 너를 한껏 사랑하는 아버지는 마음 놓고 ×밥을 입에다 넣지를 못하였을 것이다.
그러나 아버지는 안다.
너는 언제나 일에 충실하고 지금도 또한 충실한 것을
오늘도 그 전에 아버지가 건너다니든 노들강 얼음판 위를
영등포에서 용산으로 용산에서 영등포로
아버지는 귀중한 명맥을 버선목 깊이 숨기고
너는 혼자서 탕탕 얼음을 구르며 건넜으리라
그러고 또 밝는 새벽일을 잊지 않고
풋솜같이 깊이 자는 네 등을 두드리며 아버지는 조그만 네 가슴에 손을 얹어 보고
네 가슴이 시계처럼 똑똑히 맥치는 것을 한껏 칭찬한다.
빠르지도 않게 느리지도 않게 언제나 틀림없지
아버지나 너는 언제나 일에 한결같아야 한다.

그것 하나만을 가슴속 깊이 가지고 있어야 한다.
한번 폭풍에 짓밟힌 우리들의 사업은 언제 또 어그러질지도 모를 것이다.
그러나 언제이고 다 우리들이 맘이 한결같으면은 언제나 틀림없이 맥차는 염통이 가슴 속에서 움직이면
우리들 모두다 가슴에 파묻힌 염통을 괭이로 한목에 푹 파내이기 전에는
아무 때이고 아무 ×에게이고 우리들의 가슴을 만져보라고 내밀어 보자.
무엇이 감히 우리들의 자라는 나무를 뿌리 채 뽑을 수가 있겠는가.
영리하고 귀여웁고 사랑스러운 아들아 아버지는 요전에도 네 연필로 쓴 편지를 생각하고
네 가슴이 똑똑히 뛰고 있는 것을 칭찬하고
퍼렁 이불 자락을 끌어 어깨를 덮고 있다 일에 충실한 착한 너를 생각하며

*) 사시이레 : 일본어로 차입差入이라는 뜻.

밤 갑판 위

너른 바다 위엔 새 한 마리 없고,
검은 하늘이 바다를 덮었다.

앞으로 가는지, 뒤로 가는지,
배는 한곳에 머물러 흔들리기만 하느냐?

별들이 물결에 부딪쳐 알알이 부서지는 밤,
가는 길조차 헤아릴 수 없이 밤은 어둡구나!

그리운 이야 그대가 선 보리밭 위에 제비가 떴다.
깨끗한 눈가엔 이따금 향기론 머리칼이 날린다.
좁은 앙가슴이 비둘기처럼 부풀어올라,
동그란 눈물 속엔 설움이 사모쳤더라.

고향은 들도 좋고, 바다도 맑고, 하늘도 푸르고,
그대 마음씨는 생각할수록 아름답다만,
울음소리 들린다, 가을바람이 부나 보다.

낙동강 가 구포벌 위 갈꽃 나부끼고,
깊은 밤 정거장 등잔이 껌벅인다.

어머니도 있고, 아버지도 있고, 누이도 있고, 아이들도 있고,
건넛마을 불들도 반짝이고, 느티나무도 거멓고, 앞내도 환하고,
벌레들도 울고, 사람들도 울고,

기어코 오늘밤 또 이민 열차가 떠나나 보다.

그리운 이야! 기약한 여름도 지나갔다.
밤바람이 서리보다도 얼굴에 차,
벌써 한 해 넘어 외방 볕 아래 옷깃은 찌들었다.

굶는가, 앓는가, 무사한가?
죽었는가 살았는가도 알 수 없는
청년의 길은 참말 가혹하다.

그대 소식 나는 알 길이 없구나!
어느 누군 사랑에 입맛도 잃는다더라만,
이 바다 위 그대를 생각함조차 부끄럽다.

물결이 출렁 밀려오고, 밀려가고,
그대는 고향에 자는가?
나는 다시 이 바다 뱃길에 올랐다.

현해玄海 바다 저쪽 큰 별 하나이 우리의 머리 위를 비출 뿐,
아무것도 우리의 마음을 모르지 않는다만,
아아, 우리는 스스로 명령에 순종하는 청년이다.

황무지 荒蕪地

도망해 나온 시골 어머니가
밤마다 머리맡에 울더라만,
끝내 나는 고향에 돌아가지 않았다.

어머니는 늙고 병들어 벌써 땅에 묻혔다.
그래야 나는 산소가 어디인지도 모른다.

……어머니도, 고향도,
나에게는 소용없었다.
나는 젊은 청년이다…….

자랑이 가슴에 그뜩하여,
배가 부산 부두를 떠날 때도,
고동 소리가 나팔처럼 우렁만 찼다.

어느 한 구석 눈물이 있을 리 없어,
그 자리에 내 좋아하는 누이나 연인이 죽는대도,
왼눈 하나 깜짝할 것 같지 않았다.

그러나 이 강을 건너는 내 마음은,
웬일인지 소년처럼 흔들리고 있다.

차가 철교를 건너는 소리가 요란이야 하다,
그렇지만 엎어지려는 뱃간에서도,
나는 무릎 한 번 안 굽혔다.

대체 네가 무엇이기에,
아아! 메마른 들 헐벗은 산,
그다지도 너는 내게 가까왔던가!

벌써 강江판은 얼어,
너른 구포벌엔 황토 한 점 안 보인다.

눈발이 부연 하늘 아래,
나는 기차를 타고 추풍령을 넘어,
서울로 간다.
서울은 나의 고향에서도 천 리,
다만 나의 어깨의 짐을 풀 곳일 따름이다.

자꾸만 차창을 흔드는 바람 소린,
슬픈 자장가일까? 아픈 신음 소릴까?
─아이들을 기르고 어머니를 죽인,

아아! 오막들도 전보다 얕아지고,
인제 밤에는 호롱불 하나이 없이 산단구나.

황무지여! 황무지여!
너는 아는가?
청년들이 어떤 열차를 탔는가를…….

지도 地圖

두 번 고치지 못할 운명은
이미 바다 저쪽에서 굳었겠다.
바라보이는 것은 한 가닥 길뿐,
나는 반도의 새 지도를 폈다.

나의 눈이 외국 사람처럼
서툴리 방황하는 지도 위에
몇 번 새 시대는 제 낙인을 찍었느냐?
꾸긴 지도를 밟았다 놓는
손발이 내 어깨를 누르는 무게가
분명히 심장 속에 파고든다.

이 새 문화의 촘촘한 그물 밑에
나는 전선줄을 끊고 철로길에 누웠던
옛날 어른들의 슬픈 미신을 추억한다.

비록 늙은 어버이들의 아픈 신음이나,
벗들의 괴로운 숨소리는,
두려운 침묵 속에 잠잠하여,
희망이란 큰 수부首府에 닿는 길이

경부 철로처럼 곱다 안할지라도,
아! 벗들아, 나의 눈은
그대들이 별처럼 흩어져 있는,
남북 몇 곳 위에 불똥처럼 발가니 달고 있다.

산맥과 강과 평원과 구릉이여!
내일 나의 조그만 운명이 결정될
어느 한 곳을 집는 가는 손길이,
떨리며 가리키는 것이 무엇인지,
너는 아느냐?

이름도 없는 한 청년이 바야흐로
어떤 도시 위에 자기의 이름자를 붙여,
불멸한 기념을 삼으려는,
엄청난 생각을 품고 바다를 건너던,
어느 해 여름밤을
너는 축복치 않으려느냐?

나는 대륙과 해양과 그리고 성신星辰 태양과,
나의 반도가 만들어진 유구한 역사와 더불어,

우리들이 사는 세계의 도면이 만들어진
복잡하고 곤란한 내력을 안다.

그것은 무수한 인간의 존귀한 생명과,
크나큰 역사의 구둣발이 지나간
너무나 뚜렷한 발자욱이 아니냐?

한 번도 뚜렷이 불려 보지 못한 채,
청년의 아름다운 이름이 땅 속에 묻힐지라도,
지금 우리가 이로부터 만들어질
새 지도의 젊은 화공畵工의 한 사람이란 건,
얼마나 즐거운 일이냐?

삼등 선실 밑에 홀로,
별들이 찬란한 천공天空보다 아름다운
새 지도를 멍석처럼 쫙 펼쳐 보는,
한여름 밤아, 광영光榮이 있거라.

해협의 로맨티시즘

바다는 잘 육착한 몸을 뒤척인다.
해협 밑 잠자리는 꽤 거친 모양이다.

맑게 갠 새파란 하늘
높다란 해가 어느새 한낮의 커브를 꺾는다.
물새가 멀리 날아가는 곳,
부산 부두는 벌써 아득한 고향의 포구인가?

그의 발 밑,
하늘보다도 푸른 바다,
태양이 기름처럼 풀려,
뱃전을 치고 뒤로 흘러가니,
옷깃이 머리칼처럼 바람에 흩날린다.

아마 그는
일본 열도의 긴 그림자를 바라보는 게다.
흰 얼굴에는 분명히
가슴의 '로맨티시즘'이 물결치고 있다.

예술, 학문, 움직일 수 없는 진리……

그의 꿈꾸는 사상이 높다랗게 굽이치는 동경,
모든 것을 배워 모든 것을 익혀,
다시 이 바다 물결 위에 올랐을 때,
나는 슬픈 고향의 한 밤,
홰보다도 밝게 타는 별이 되리라.
청년의 가슴은 바다보다 더 설레었다.

바람 잔 바다,
무더운 삼복의 고요한 대낮,
이천 오백 톤의 큰 기선이
앞으로 앞으로 내닫는 갑판 위,
흰 난간 가에 벗어 제친 가슴,
벌건 살결에 부딪치는 바람은 얼마나 시원한가!

그를 둘러싼 모든 것,
고깃배들을 피하면서 내뽑는 고동소리도,
희망의 항구로 들어가는 군호 같다.
내려앉았다 떴다 넘노니는 물새를 따라,
그의 눈은 몹시 한가로울 제
뱃머리가 뻑! 오른편으로 틀어졌다.

훤히 트이는 수평선은 희망처럼 넓구나!
오오! 점점이 널린 검은 그림자,
그것은 벌써 나의 섬들인가?
물새들이 놀라 흩어지고 물결이 높다.
해협의 한낮은 꿈같이 허물어졌다.

몽롱한 연기,
희고 빛나는 은빛 날개,
우레 같은 음향,
바다의 왕자가 호랑이처럼 다가오는 그 앞을,
기웃거리며 지나는 흰 배는 정말 토끼 같다.

'반사이'! '반사이'! '다이닛'……
이등 캐빈이 떠나갈 듯한 아우성은,
감격인가? 협위인가?
깃발이 '마스트' 높이 기어올라갈 제,
청년의 가슴에는 굵은 돌이 내려앉았다.

어떠한 불덩이가,
과연 층계를 내려가는 그의 머리보다도

더 뜨거웠을까?
어머니를 부르는, 어린애를 부르는,
남도 사투리,
오오! 왜 그것은 눈물을 자아내는가?

정말로 무서운 것이……
불붙는 신념보다도 무서운 것이……
청년! 오오, 자랑스러운 이름아!
적이 클수록 승리도 크구나.

삼등 선실 밑
동그란 유리창을 내다보고 내다보고,
손가락을 입으로 깨물 때,
깊은 바다의 검푸른 물결이 왈칵
해일처럼 그의 가슴에 넘쳤다.

오오, 해협의 낭만주의여!

일 년

나는 아끼지 않으련다.
낙엽이 저 눈발이 덮인
시골 능금나무의 청춘과 장년을……
언제나 너는 가고 오지 않는 것.

오늘도 들창에는 흰 구름이 지나가고,
참새들이 꾀꼬리처럼 지저귄다.
모란꽃이 붉던 작년 오월,
지금은 기억마저 구금되었는가?

나의 일 년이여, 짧고 긴 세월이여!
노도怒濤에도, 달콤한 봄바람에도,
한결같이 묵묵하던 네 표정을 나는 안다.
허나 그렇게도 일 년은 정말 평화로왔는가?

'피녀彼女'는 단지 희망하는 마음까지
범죄 그 사나운 눈알로 흘겨본다.
나의 삶이여! 너는 한바탕의 꿈이려느냐?
한 간 방은 오늘도 납처럼 무겁다.

재바른 가을바람은 멀지 않아,
버들잎을 한 웅큼 저 창 틈으로,
지난해처럼 훑어 넣고 달아나겠지,
마치 올해도 세계는 이렇다는 듯이.

그러나 한 개 여윈 청년은 아직 살았고,
또다시 우리 집 능금이 익어 가을이 되리라.
눈 속을 스미는 가는 샘이 대해大海에 나가 노도를 이룰 때,
일 년이여, 너는 그들을 위하여 군호를 불러라.

나는 아끼지 않으련다, 잊어진 시절을.
일 년 평온무사한 바위 아래 생명은 끊임없이 흘러간다.
넓고 큰 대양의 앞날을 향하여,
지금 적막한 여로를 지키는 너에게 나는 정성껏 인사한다.

2

현해탄

이 바다 물결은
예부터 높다.

그렇지만 우리 청년들은
두려움보다 용기가 앞섰다,
산불이
어린 사슴들을
거친 들로 내몬 게다.

대마도를 지나면
한 가닥 수평선밖엔 티끌 한 점 안 보인다.
이곳에 태평양 바다 거센 물결과
남진해 온 대륙의 북풍이 마주친다.

몽블랑보다 더 높은 파도,
비와 바람과 안개와 구름과 번개와,
아세아의 하늘엔 별빛마저 흐리고,
가끔 반도엔 붉은 신호등이 내어걸린다.

아무러기로 청년들이

평안이나 행복을 구하여,
이 바다 험한 물결 위에 올랐겠는가?

첫 번 항로에 담배를 배우고,
둘째 번 항로에 연애를 배우고,
그 다음 항로에 돈맛을 익힌 것은,
하나도 우리 청년이 아니었다.

청년들은 늘
희망을 안고 건너가,
결의를 가지고 돌아왔다.
그들은 느티나무 아래 전설과,
그윽한 시골 냇가 자장가 속에,
장다리 오르듯 자라났다.

그러나 인제
낯선 물과 바람과 빗발에
흰 얼굴은 찌들고,
무거운 임무는
곧은 잔등을 농군처럼 굽혔다.

나는 이 바다 위
꽃잎처럼 흩어진
몇 사람의 가여운 이름을 안다.

어떤 사람은 건너간 채 돌아오지 않았다.
어떤 사람은 돌아오자 죽어갔다.
어떤 사람은 영영 생사도 모른다.
어떤 사람은 아픈 패배에 울었다.
—그중엔 희망과 결의와 자랑을 욕되게도 내어 판 이가 있다면, 나는 그것을 지금 기억코 싶지는 않다.

오로지
바다보다도 모진
대륙의 삭풍 가운데
한결같이 사내다웁던
모든 청년들의 명예와 더불어
이 바다를 노래하고 싶다.

비록 청춘의 즐거움과 희망을
모두 다 땅 속 깊이 파묻는

비통한 매장의 날일지라도,
한 번 현해탄은 청년들의 눈앞에,
검은 상장喪帳을 내린 일은 없었다.

오늘도 또한 나젊은 청년들은
부지런한 아이들처럼
끊임없이 이 바다를 건너가고, 돌아오고,
내일도 또한
현해탄은 청년들의 해협이리라.

영원히 현해탄은 우리들의 해협이다.

삼등 선실 밑 깊은 속
찌든 침상에도 어머니들 눈물이 배었고,
흐린 불빛에도 아버지들 한숨이 어리었다.
어버이를 잃은 어린 아이들의
아프고 쓰린 울음에
대체 어떤 죄가 있었는가?
나는 울음소리를 무찌른
외방 말을 역력히 기억하고 있다.

오오! 현해탄은, 현해탄은,
우리들의 운명과 더불어
영구히 잊을 수 없는 바다이다.

청년들아!
그대들은 조약돌보다 가볍게
현해玄海의 큰 물결을 걸어찼다.
그러나 관문 해협 저쪽
이른 봄바람은
과연 반도의 북풍보다 따스로웠는가?
정다운 부산 부두 위
대륙의 물결은,
정녕 현해탄보다도 얕았는가?

오오! 어느 날
먼 먼 앞의 어느 날,
우리들의 괴로운 역사와 더불어

그대들의 불행한 생애와 숨은 이름이
커다랗게 기록될 것을 나는 안다.

1890년대의
1920년대의
1930년대의
1940년대의
19××년대의
....
모든 것이 과거로 돌아간
폐허의 거칠고 큰 비석 위
새벽 별이 그대들의 이름을 비칠 때,
현해탄의 물결은
우리들이 어려서
고기떼를 쫓던 실내[川]처럼
그대들의 일생을
아름다운 전설 가운데 속삭이리라.

그러나 우리는 아직도
이 바다 높은 물결 위에 있다.

어린 태양이 말하되

아지 못할 새
조그만 태양이 된
나의 마음에
고향은
멀어갈수록 커졌다.

누구 하나
남기고 오지 않았고,
못 잊을
꽃 한 포기 없건만
기적이 울고
대륙에 닿은 한 가닥 줄이
최후로 풀어지며,
그만 물새처럼
나는 외로워졌다.

잊어버리었던 고향의
어둔 현실의 무게가
떠오르려는 어린 태양을
바다 속으로 누를 듯

사납다만.

나무 하나 없는
하늘과 바다 사이
구름과 바람을 뚫고
하룻저녁
너른 수평선 아래로,
아름다이 가라앉는
낙일落日이,
나의 가슴에
놀처럼 붉다.

이제는 먼 고향이여!
감당하기 어려운 괴로움으로
나를 내치고,
이내 아픈 신음소리로
나를 부르는
그대의 마음은,
너무나 잔망궂은
청년들의 운명이구나!

참아야 할 고난은
나의 용기를 돋우고,
외로움은
나의 용기 위에
또 한 가지 광채를 더했으면……

아아, 나의 대륙아!
그대의 말 없는 운명 가운데
나는 우리의 무덤 앞에 설
비석의 글발을 읽는다.

하늘

감이 붉은 시골 가을이
아득히 푸른 하늘에 놀 같은
미결사의 가을 해가 밤보다도 길다.

갔다가 오고, 왔다가 가고,
한 간 좁은 방 벽은 두터워
높은 들창 가에
하늘은 어린애처럼 찰락거리는 바다
나의 생각과 궁리하던 이것저것을
다 너의 물결 위에 실어,
구름이 흐르는 곳으로 띄워 볼까!

동해 바다 가에 작은 촌은,
어머니가 있는 내 고향이고,
한강물이 숭얼대는
영등포 붉은 언덕은,
목숨을 바쳤던 나의 전장.

오늘도 연기는
구름보다 높고

누구이고 청년이 몇
너무나 좁은 하늘을
넓은 희망의 눈동자 속 깊이
호수처럼 담으리라.

벌리는 팔이 아무리 좁아도,
오오! 하늘보다 너른 나의 바다.

최후의 염원

얼마나 크고,
얼마나 두려운 힘이기에,
세월이여! 너는
나를 이곳으로 이끌어왔느냐?

밀치고, 또
박차고 하면,
급기야 나는
최후의 항구로 외로이
돌아오지 않는 손이 되리라만,
낙일落日이여! 나에겐
아직 한마디 말이 있다.

참말 머리 위엔
별 하나이 없고,
어둔 하늘이
홍수처럼
산하를 덮어,
한 자욱 발길조차
나의 고향을

밟을 수가 없다면,
아아, 꺼지려는 눈아!
네 빛이 흐리기 전에,
차라리 나는
호화로이 밤하늘에 흩어지는
오색 불꽃에,
아름다운 운명을
배우련다.

최후의 염원이여!
너는 나의
즐거움이냐? 슬픔이냐?

지상의 시詩

태초에 말이 있느니라……
인간은 고약한 전통을 가진 동물이다.
행위하지 않는 말,
말을 말하는 말,
이브가 아담에게 따준 무화과의 비밀은,
실상 지혜의 온갖 수다 속에 있었다.

포만의 이야기로 기아를,
천상의 노래로 지옥의 고통을,
어리석게도 인간은 곧잘 바꾸었었다.
그러나 지상의 빵으로 배부른 사람은
과연 하나도 없었던가?
신성한 지혜여! 광영이 있으라.

온전히 운명이란, 말 이상이다.
단지 사람은 말할 수 있는 운명을 가진 것,
운명을 이야기할 수 있는 말을 가진 것이,
침묵한 행위자인 도야지보다 우월한 점이다.
말을 행위로,
행위를 말로,

자유로 번역할 수 있는 기능,
그것이 시의 최고의 원리.
지상의 시는
지혜의 허위를 깨뜨릴 뿐 아니라,
지혜의 비극을 구救한다.
분명히 태초의 행위가 있다……

너 하나 때문에

오직 있는 것은
광영 하나뿐이고,
정녕 굴욕이란 없는가?
있어도 없는 것인가?
만일 싸움만 없다면……

그러나 싸움이 없다면,
둘이 다 없는 것,
싸움이야말로
광영과 굴욕의 어머니,
모든 것 가운데 모든 것.

패배의 피가
승리의 포도주를 빚는 것도,
굴욕이
광영의 향료를 끌어내는 것도,
모두 다 싸움의 넓은 바다.

바다는
넓이도 깊이도 없어,

승리가 실컷
제 즐거움의 진주를 떠내고,
패배가 죽도록
제 아픔의 고귀한 값을 알아내는 곳.

회복될 수 없는
굴욕의
―제군은 이 말의 의미를 아는가?
아프고 아픈 상처가,
붉은 피가
장미 떨기처럼 피어나는 곳.

아아! 너 하나, 너 하나 때문에,
나는 굴욕마저를 사랑한다.

적敵

> — 네 만일 너를 사랑하는 자를 사랑하면 이는 사랑이 아니니라. 너의 적을 사랑하고 너를 미워하는 자를 사랑하라. —「복음서」

1

너희들의 적을 사랑하라—
나는 이때 예수교도임을 자랑한다.

적이 나를 죽도록 미워했을 때,
나는 적에 대한 어찌할 수 없는 미움을 배웠다.
적이 내 벗을 죽음으로써 괴롭혔을 때,
나는 우정을 적에 대한 잔인으로 고치었다.
적이 드디어 내 벗의 한 사람을 죽였을 때,
나는 복수의 비싼 진리를 배웠다.
적이 우리들의 모두를 노리었을 때,
나는 곧 섬멸의 수학을 배웠다.

적이여! 너는 내 최대의 교사教師,
사랑스런 것! 너의 이름은 나의 적이다.

2

때로 내가 이 수학 공부에 게을렀을 때,
적이여! 너는 칼날을 가지고 나에게 근면을 가르치었다.

때로 내가 무모한 돌격을 시험했을 때,
 적이여! 너는 아픈 타격으로 전진을 위한 퇴각을 가르치었다.

 때로 내가 비겁하게도 진격을 주저했을 때,
 적이여! 너는 뜻하지 않은 공격으로 나에게 전진을 가르치었다.
 만일 네가 없으면 참말로 사칙법四則法도 모를 우리에게,
 적이여! 너는 전진과 퇴각의 고등수학을 가르치었다.

 패배의 이슬이 찬 우리들의 잔등 위에 너의 참혹한 육박肉迫이 없었더면,
 적이여! 어찌 우리들의 가슴 속에 사는 청춘의 정신이 불탔겠는가?

 오오! 사랑스럽기 한이 없는 나의 필생의 동무
 적이여! 정말 너는 우리들의 용기다.

 너의 적을 사랑하라!
 복음서는 나의 광영이다.

세월

시퍼렇게 흘러내리는 노들강,

나뭇가지를 후려꺾는 눈보라와 함께
얼어붙어 삼동 긴 겨울에 그것은
살결 센 손등처럼 몇 번 터지고 갈라지며,
또 그 위에 밀물이 넘쳐
얼음은 두 자 석 자 두터워졌다.

봄!
부드러운 바람결 옷깃으로 기어들 제,
얼음판은 풀리고 녹아서,
돈짝 구들장 같은 조각이 되어 황해바다로 흘러간다.

이렇게 때는 흐르고 흘러서, 넓은 산 모서리를 스쳐 내리고,
굳은 바위를 깎아,
천리 길 노들강의 하상을 깔아놓았나니,
세월이여! 흐르는 영원의 것이여!
모든 것을 쌓아 올리고, 모든 것을 허물어 내리는,
오오 흐르는 시간이여, 과거이고 미래인 것이여!
우리들은 이 붉은 산을, 시커먼 바위를,
그리고 흐르는 세월을, 닥쳐오는 미래를,

존엄보다도 그것을 사랑한다.
몸과 마음, 그밖에 있는 모든 것을 다하여……
세월이여, 너는 꿈에도 한번
사멸하는 것이 그 길에서 돌아서는 것을 허락한 일이 없고,
과거의 망령이 생탄하는 어린것의 울음 우는 목을 누르게 한 일은 없었다.
너는 언제나 얼음장같이 냉혹한 품안에
이 모든 것의 차례를 바꿈 없이
담뿍 기르며 흘러왔다.

우리들은
타는 가슴을 흥분에 두근거리면서 젊은 시대의 대오는
뜨거운 맥이 높이 뛰는 두 손을 쩍 벌리고,
모든 것을 그 아름에 끼고 닥쳐오는 세월! 미래!
그대를 이 지상에 굳건히 부여잡는다.
우리는 역사의 현실이 물결치는 대하 가운데서
썩어지며 무너져 가는 그것을 물리칠 확고한 계획과
그것을 향해 갈 독수리와 같이 돌진할 만신의 용기를 가지고,
이 너른 지상의 모든 곳에서 너의 품안으로 다가선다.

오오, 사랑하는 영원한 청춘 세월이여.

너의 그 아름다운 커다란 푸른빛 눈을 크게 뜨고,
오오, 대지의 세계를 둘러보라!
누구가 정말 너의 계획의 계획자이며!
누구가 정말 너의 의지의 실행자인가?

오오, 한 초 한 분
온 세계 위에 긴 날개를 펼치고 날아드는 한 해여!
우리는 너에게 온 세계를 요구한다.
낡은 것과 새로운 것의 불닿는 말썽 가운데서
우리는 요구한다.
좋은 것을, 더 좋은 것을.
　…………………
　…………………
　…………………
오오! 감히 어떤 바람이 있어, 어떤 힘이 있어,
물결이여, 돌아서라! 하상이여, 일어나라! 고 손짓할 것이며,
세월이여, 퇴거하라! 미래여, 물러가거라! 고 소리치겠는가?

미래여! 사랑하는 영원이여!
세계의 모든 것과 함께 너는 영원히 젊은 우리들의 것이다.

암흑의 정신

대양과 같이 푸른 잎새를,
그 젊은 수호졸守護卒 만산滿山의 초화草花를,
돌바위 굳은 땅 속에 파묻은 바람은,
이제 고아인 벌거벗은 가지 위에 소리치고 있다.

청춘에 빛나던 저 여름 저녁 하늘의 금빛 별들도
유명幽冥의 하늘 저쪽에 흩어지고,
손톱같이 여윈 단 한 개의 초생달,
그것조차 지금은 '레테'*의 물 속에서 신음하고 있는가?

동 서 남 북 네 곳에 어디를 둘러보아도,
두 활개를 쩍 벌려 대공大空을 휘저어 보아도,
목청을 돋워 소리 높이 외쳐 보아도,

오오, 오오,
암흑의 끝없는 동혈洞穴,
추위에 떠는 나뭇가지의 호읍號泣,
뇌명雷鳴과 같은 폭풍, 거암巨巖을 뒤흔드는 노호怒呼,

오오, 이제는 없는가? 암흑의 이외에!
오오, 드디어 폭풍이 우주의 지배자인가?

생명의 즐거움인 삼월의 꽃들이여,
청년의 정신인 무성한 풀숲이여,
진리의 의지인 아름드리 교목喬木이여,
그리고 거인인 삼림의 혼이여?

새 싹 위에 나부끼던 부드러운 바람,
풍족한 샘[泉], 빛나는 태양,
그리고 불멸의 정신인 산악 창공은,
하늘에 떠도는 한 조각 시의猜疑의 구름과
사死의 암흑 멸망의 바람만을 남기고,
자취도 없이 터울도 없이 스러졌는가?

깊은 낙엽송의 밀림과 두터운 안개에 쌓인
저 험한 계곡 아래,
지금 이 여윈 창백한 새는 날개를 퍼덕이며,
숨소리조차 죽은 미지근한 가슴 위에 두 손을 얹고,
어둠의 공포 절망의 탄식에 떨고 있다.

―아무 곳으로도 길이 열리지 않는 암흑한 계곡에서.

우수수! 딱! 꽝! 우르르!
암벽이 무너지는 소리, 천세千歲의 거수巨樹가 허리를 꺾고 넘어지는 소리,
사멸의 하늘에 야수가 전율하는 소리,
끝없는 어둠 침묵한 암흑,
오오! 만유萬有로부터 질서는 물러가는가?

이 무변無邊의 대공을 흐르는 운명의 강 두 짝 기슭
생과 사, 전진과 퇴각, 패배와 승리,
화해할 수 없는 양 언덕에 너는 두 다리를 걸치고,
회의의 흐득이는 심장으로 말미암아 전신을 떨고 있지 않으냐

그러나 빈사의 새여! 낡은 심장이여! 떨리는 사지여!
안 보이는가 안 들리는가
그렇지 않으면 이젠 아무것도 모르는가

불길은 바람의 멱살을 잡고

암흑인 하늘의 가슴을 한껏 두드리고 있지 않은가?

교목들은 어깨를 비비며 불길을 일으키고,
시들은 풀숲은 불길에 그 몸을 던지며,
나뭇가지는 하늘 높이 오색의 불꽃을 내뽑지 않는가
그리고 삼림은!
커다란 불길의 날개로 거인인 산악을 그 품에 덤석 끼고,
 믿음직한 근육인 토양과 철의 골격인 암석을 시뻘겋게 달구면서
 백척百尺의 장검인 화주火柱를 두르며, 고원高遠한 정신의 뇌명雷鳴과 함께 암흑의 세계와 격투하고 있다.
 진실로 영웅인 작열한 전산全山을 그 가운데 태우면서……

오오! 새여! 그대 창백한 새여!
노래를 잊은 피리여!
너는 '햄릿'이냐? '파우스트'냐? '오네긴'이냐?
그렇지 않으면 유리제製의 양심이냐?

오오 이 미친 무질서의 광란 가운데서
주검의 운명을 우리들의 얼굴에 메다치는 암흑 가운데서

너는 보는가? 못 보는가?

이 불길이 가져오는 생명의 향기를
이 장렬한 격투가 전하는 봄의 아름다움을
만산의 초화와 우거진 녹음, 그리고 황금색 실과實果의 단 그 맛[味]을

이 암흑, 폭풍, 뇌명의 거대한 고통이
밀집한 교목의 대오와 그 한 개 한 개의 영웅인 청년, 수목의 육체 가운데
굵고 검은 한 테의 연륜을 더 둘러 주고 가는 것을!

너는 두려워하느냐?
사는 것을……
너는 아파하느냐?
청년인 우리들이 생존하고 성장하는 도표道標인 '나이'가 하나 둘 늘어가는 것을!

영리한 새여 — 아직도 양심의 불씨가 꺼지지 않는 조그만 심장이여!

불룩 내민 그 귀여운 가슴을 두드리면서
이렇게 소리쳐라!

"오라! 어둠이여! 울어라! 폭풍이여!
노호하라! 사死와 암흑의 마르세이유여!"

그렇지 않은가!
누구가 대지로부터 스며오르는 생명인 봄의 수액을
누구가 청년의 가슴속에 자라나는 영웅의 정신을 죽음으로써 막겠는가?

암흑인가? 폭풍인가? 뇌명인가?

*) 레테 : 단테의 「신곡」 중의 구句로 "영구히 희망을 버리라"고 쓴 지옥을 들어서면 곧 내[河]가 있어 이 강을 '망각의 강'이라고 하여 모든 것을 망각 속에 묻어버린다는 뜻.

3

야행차夜行車 속

사투리는 매우 알아듣기 어렵다.
하지만 젓가락으로 밥을 날라가는 어색한 모양은,
그 까만 얼굴과 더불어 몹시 낯익다.

너는 내 방법으로 내어버린 벤또를 먹는구나.

'젓갈이나 걷어 가주 올 게지……'
혀를 차는 네 늙은 아버지는
자리가 없어 일어선 채 부채질을 한다.

글쎄 옆에 앉은 점잖은 사람이 수건으로 코를 막는구나.

아직 멀었는가 추풍령은……
그믐밤이라 정거장 푯말도 안 보인다.
답답워라 산인지 들인지 대체 지금 어디를 지나는지?

나으리들뿐이라 누구한테 엄두를 내어
물을 수도 없구나.

다시 한 번 손목시계를 들여다보고 양복쟁이는 모를 말을 지저귄다.
아마 그 사람들은 모든 것을 다 아나 보다.

되놈의 땅으로 농사 가는 줄을 누가 모르나.
면소面所에서 준 표지票紙를 보지, 하도 지척도 안 뵈니까 그렇지!

차가 덜컹 소리를 치며 엉덩방아를 찧는다.
필연코 어제 아이들이 돌멩이를 놓고 달아난 게다.

가뜩이나 무거운 짐에 너 그 사이다병은 집어넣어 무얼 할래.
오호 착해라, 그래도 누이 시집갈 제 기름병을 하려고……

노하지 마라 너의 아버지는 소 같구나.
빠가! 잠결에 기대인 늙은이의 머리를 밀쳐도,
엄마도 아빠도 말이 없고 허리만 굽히니……
오오, 물소리가 들린다 넓고 긴 낙동강에……

대체 어디를 가야 이 밤이 샐까?
애들아, 서 있는 네 다리가 얼마나 아프겠니?
차는 한창 강가를 달리는지,
물소리가 몹시 정다웁다.
필연코 고향의 강물은 이 꼴을 보고 노했을 게다.

홍수 뒤

하나도 아니었고,
둘도 아니었다.

활개를 젓고 건너가,
죽지를 늘이고 돌아온
이 항구의 추억은,
참말 열도 아니었다.

그러나 굳건하던
작고 큰 집들이
터문도 없이 휩쓸려간
홍수 뒤,
황무지의 밤바람은
너무도 맵고 거칠어.

언제인가 하루아침,
맑은 희망의 나발이었던
고동소린 오늘밤,
청춘의 구슬픈 매장의 노래 같아야,

고향의 부두를 밟는
나의 무릎은 얼 듯 차다.

긴 밤차가 닿는 곳,
나의 벗들을 사로잡은
차디찬 운명 속에서도,
청년의 자랑은
꺼지지 않는 등불처럼 밝았으면……

아아 이 하나로 나는
평생의 보배를 삼으련다.

낮

내가 자동차에 실려 유리창으로 내다보던 저 건너 동산도
벌써 분홍빛 저고리를 벗어 던지고,
넓다란 푸른 이파리가 물고기처럼 흰 뱃바디를 보이면서,
제법 살았소 하는 듯이 너울거린다.
어느새 여름도 짙었는가보다.

그러기에 내가 이 절에 올 때엔,
겨우 터를 닦고 재목을 깎던 집들이
벌써 기둥이 서고 지붕이 덮이어,
영을 깔고 용마름을 펴는 일꾼이 밀짚모자를 썼지.

두드러지게 잘된 장다리밭 머리를
곱게 다린 황라적삼을 떨쳐입고,
꽁지가 빨간 잠자리란 놈이 의젓이 날고 있다.

밭머리에 서 있는 싱거운 포플러 나무가
헙수룩한 제 그림자를 동그란히 접어 안고,
산 넘어 방적 회사의 목멘 고동이
서울 온 촌 아기들을 식당으로 부를 때,
아주 소리개 모양으로 떠돌아도 보고,

물을 차는 제비나 된 듯 내달으며 넘놀아도 보던,
잠자리 녀석들도 꼬리를 오그리고 죽지를 끌며,
장다리가 세로 가로 쓰러져 있는 밭 가운데로,
졸리는 듯 내려앉는다.
정말 요새 뙤약볕이란 돌도 녹일까보다.

후꾼한 바람이 진한 거름내를 풍기며,
나무 끝을 건드리고 밭 위를 지나간다.
벌 떼가 몇 개 안 남은 무색한 보랏빛 꽃수염을
물었다 놓고, 놓았다 물며,
왕 왕 날개를 울리면서 해갈을 한다.
호랑나비는 들어가면 눈이 먼다는 독한 가루를 잔뜩 실고 아롱거린다.

꼬리를 건드리고 머리를 만져도
저 잠자리란 녀석은 다시 일지를 않으니,
졸고 있나, 그렇지 않으면 인제 벌써 죽었나?

거미줄 채를 손에 든 선머슴 아이들이
신발을 벗어들고 성큼 발소리를 죽여가며,

한 걸음 두 걸음 곧 손이 그곳에 미칠 텐데,
오, 저런 망한 녀석들의 심술궂은 눈 좀 보게.

어쩌면……
고렇게 꼿꼿하고 고운 두 날개,
빨간 빛깔이 기름칠한 것처럼 윤택 나는 날씬한 체구가 어찌 될지!
어쩌 맵기 당추 같은 고추 짱아의 마음도 모르고 있을까?
앵두꽃 진 지가 얼마나 된다고 요만한 뙤약볕에,
쨍이야, 벌써 '호박'처럼 맑던 네 눈도 어두워졌니?

녹음의 짙은 물결이 들 가득 밀려오고 밀려간다.
동산은 어른처럼 말없이 잠잠하다.
아마 연연한 봄의 고운 배는 벌써 엎어졌나 보다.
정말 이 따가운 뙤약볕의 소나기 통에,
굳은 날개도 두터운 비름 이파리도 다 또 일 수 없이 풀이 죽고 말았을까?

골짜기 속에서 낮잠을 자던 게으른 풀숲에,
젊은 꾀꼬리가 한 마리 푸드득 나뭇잎을 걷어차고,
고요한 침묵의 망사를 찢고 하늘로 날아갔다.

오오, 고마워라, 얼마나 고마울까!
문득 나는 이 조그만 괴로운 꿈을 깨어,
단장을 의지하여 허리를 펴서 뒷산을 보았다.

숲 사이에 원추리가 한 떨기 재나 넘은 보름달처럼,
음전히 머리를 쳐들고,
꾀꼬리가 남긴 노랫 곡조의 여음을 듣고 있지 않은가!

나는 무거운 다리를 이끌어 산비탈을 올라가면서,
'꿈꾸지 말고 시대의 한가운데로 들어오라'는 식물들의 흔드는 손을 보았다.
'너는 아직도 죽지 않았구나' 하고,
원추리가 다정스러이 웃는 얼굴을 보았다.
나는 잠깐 얼굴을 붉히고 머리를 숙였다가
다시 고운 나비와 무성한 식물들의 겨우살이를 생각하며 고개를 들었다.

그때 나는 아직 살아 있는 행복이 물결처럼 가슴에 복받침을 느끼었다.

차중車中
— 추풍령

돌아올 날을
기약코
길을 떠난
사람이
하나도 없는
찻간은
한숨도 곤하여

누군가
싸우듯
북방의 희망을
언쟁하던
시끄런 음성은
엊저녁 꿈이다

밤차가
달리는
먼 길 위에
발자국마다
꿈은 조약돌처럼

부스러져

고향의
제일 높다는 산도
인젠
병풍 쪽처럼
뒤를
넘어가고

밤은
타관에
한창 깊어갔다.

자고 새면

  — 벗이여 나는 이즈음 자꾸만 하나의 운명이란 것
  을 생각고 있다.

자고 새면
이변을 꿈꾸면서
나는 어느 날이나
무사하기를 바랬다

행복되려는 마음이
나를 여러 차례
죽음에서 구해 준 은혜를
잊지 않지만
행복도 즐거움도
무사한 그날그날 가운데
찾아지지 아니할 때
나의 생활은
꽃 진 장미넝쿨이었다

푸른 잎을 즐기기엔
나의 나이가 너무 어리고
마른 가지를 사랑키엔
더구나 마음이 앳되어

그만 인젠
살려고 무사하려던 생각이
믿기 어려워 한이 되어
몸과 마음이 상할
자리를 비워 주는 운명이
애인처럼 그립다.

화가의 시詩

파열된 유리창 틈바구니엔
목 떨어진 노동자의 피비린내가 나고
은행소銀行所 벽돌담에는 처와 자식들의
말라붙었던 껍질 춘절春節의 미풍으로
구렁이탈 같이 흐느적거린다.

춘절의 풍경화는 나의 '캔버스' 위에서
이렇게 화려하고 양기陽氣있게 되어간다
유위有爲한 청년 화가의 고린내 나는 권태와
육취肉臭가 코를 찌르는 '아트리에' 속에서
인간의 낡은 피와 다 삭은 뼈를 가지고
이 천재 예술가는 풍경화를 새긴다.

그러나 '싸로'의 품작품作으로는
나의 생각은 너무나 상등上等인 것 같다
인형과 전차표 병정兵丁 구두로 그린 그림이
암만해도 나는 화가 이상以上이다.

춘야春野를 걸어가는 장신의 청년
실연한 사나이 아니면 소매치기로 출세한—

그는 별안간 돌아서 나의 이마를 후렸다
나의 화중畵中에 출장出場시킨 충실한 인형이—
그리고 그는 도망을 하였기 때문에 화판畵板엔 큰 구멍이 뚫어져버리었다
복수— 나는 불공대천不共戴天을 맹서하고 이 그림을 그린다.
이것은 나의 출세할 그림 역사의 '스토리'이다.

암만해도 나는 회화에서 도망한 예술가이다
미래파— 공적功的이고 난조미亂調美의 추구
그것도 아니다 결코 나의 그림은 미술이 못되니까—
하마트면 또는 1917년 10월에 일어난 병정의 행렬과 동궁冬宮 오후 3시와 9시 사이를 부조浮彫하고 있을지도 모를 것이다.
사랑할 만한 '아카데믹'의 유위有爲한 청년의 작품이—
오오 나의 그림은 분명히 나를 반역했다
그리고 새로운 나를 강요하는 것이다
빼기 — 냄새를 피우고 피냄새를 달랜다
그리할 것이다 나는 이후부터는 총과 마차로 그림을 그리리라.

—조형예술가의 침언寢言

탱크의 출발

수를 셀 수 없을 정도로 많은 20세기 기계가
끝도 없이 사라지고 있다.
공장 안에서 농장에서 감방에서
— 소작권은 그들을 운전하는 기능을 잃었다
— 여공을 사기 위한 공장주의 수단은 구식이다
지구상의 모든 기계는 실로 끝도 없이 사라지고 있다

사라졌던 기계는 심야 차고車庫 속에서
새로운 기관차를 만들고 있다
— 얼굴의 노란
— 얼굴의 흰
— 얼굴의 검은
    등
    등
    등
인터내셔날의 탱크는 어느 날 차고의 문을 열고
괴물처럼
비상한 속력으로 크레믈린을 나섰다
— 세기世紀 중에 산재散在한 수많은 기계를 싣고

아아, 이미 기계는, 세기의 기계는
지구의 중심을 선화하기 시작하였다
— 기계는 사라지고
— 지구의 중심은 드러나고
— 인터내셔날의 붉은 탱크는 움직이고 있다
서서히 급속히 —

서서히 급속히 —

지구와 '박테리아'

기압이 저하하였다고 돌아가는 철필을
도수가 틀린 안경을 쓴 관측소원은
깃대에다 쾌청快晴 이란 백색기를 내걸었다

그러나 제 눈을 가진 급사란 놈은
이삼분이 지낸 뒤 비가 쏟아지면 바꾸어 달 붉은 기를 찾
느라고 비행기가 되어 날아다닌다
▶
아까— 그 사무원이 페쓰트로 즉사하였다는 소식은 벌써
관측소를 새어나가
   —거리로
         ▶우주宇宙로 뚫고
   —산야山野로
질주한다— 확대된다
그러나 아직도 급사란 놈은 기旗에다 목을 걸고 귓짝 속
에서 난무한다
  비 ● 바람
   쐬—
그것은 여지없이 급사를 사무실로 갖다 붙였다.
페쓰트— 그것은 위대한 것인 줄 급사는 알았다
   ▶
  저기압과 페쓰트—

충실한 자 사무원은 창백한 관棺 속에서도……를
반듯이 생각뿐만 아니라 반듯이 찾을 것이다

그럼 그는 기를 달지 않을 수가 없었다.
대신 그는 백색기를 관 속에 누운 그의 가슴에다 놓아주
었다
　—가는 자에게 한 줄기 안위를 주기 위하여
　　　○
하아! 사십년 동안에 최초로 한 실수는
저기압과 '페쓰트'라고 급사란 놈은 창 밖에서 웃었다
박테리아 박테리아
—그 힘은 위대하다
—그 힘은 위대하다
　　　○
일분간에 한 마리씩 잡아 삼키니
십육억분이면—시간 환산換算은 성가시다
=지구는 한寒이다
=지구는 한寒이다
'박테리아'는 지구를 포옹하고 홍소哄笑한다
　　크게—
　　크게—
　　(그 웃음은 흑색사변형에 배류倍類로 증대한다)—

가을바람

나뭇잎 하나가 떨어지는데,
무에라고 네 마음은 종이풍지처럼 떨고 있니?
나는 서글프구나! 해맑은 유리창아!
그렇게 단단하고 차디찬 네 몸,
어느 구석에 우리 누나처럼 슬픈 마음이 들어 있니?

참말로 누가 오라고나 했나?
기다리기나 한 것처럼 달아와서,
그리 마다는 나무 잎새를 훑어 놓고,
내 아끼는 유리창을 울리며 인사를 하게.

너는 그렇게 정말 매몰하냐?
그렇지만 나는,
영리한 바람아, 네가 정답다.
재작년, 그리고 더 그 전해에도, 가을이 올 적마다,
곁눈 하나 안 떠 보고, 내가 청년의 길에 충성忠誠되었을 때,
내 머리칼을 날리던 너는, 우렁찬 전진의 음악이었다.
앞으로! 앞으로! 누구가 퇴각이란 것을 꿈에나 생각했던가?
눈보라가 하늘에 닿은 거칠은 벌판도 승리에의 꽃밭이었다.

오늘……
오래된 집은 허물어져 옛 동간들은 찬 마루판 위에 얽매어 있고,
비열한들은 이상과 진리를 죽그릇과 바꾸어,
가을비가 낙엽 위에 찬데,
부지런한 너는 다시 그때와 같이 내게로 왔구나!

정답고 영리한 바람아!
너는 내 마음이 속삭이는 말귀를 들을 줄 아니, 왜 말이 없느냐?
필연코 길가에서 비열한들의 군색한 푸념을 듣고 온 게로구나!
입이 없는 유리창이라도 두드리니깐 울지 않니?
마음 없는 낙엽조차 떨어지면서, 제 슬픔을 속이지는 않는다.

짓밟히고 걷어채이면서도, 웃으며 아첨할 것을 잊지 않는 비열한들을,
보아라! 영리한 바람아, 저 참말로 미운 인간들이,
땅에 내던지는 한 그릇 죽을 주린 개처럼 좇지 않니?

불어라, 바람아! 모질고 싸늘한 서릿바람아, 무엇을 거리끼고 생각할까?

너는 내 가슴에 괴어 있는 슬픈 생각에도 대답지 말아라.

곧장 이 평양성平壤城의 자욱한 집들의 용마루를 넘어,

숲들이 흐득이고 강물이 추위에 우[鳴]는 겨울 벌판으로……

겨울이 오면 봄은 멀지 않았으니까……

4

바다의 찬가

장하게
날뛰는 것을 위하여,
찬가를 부르자.

바다여
너의 조용한 달밤을랑,
무덤길에 선
노인들의 추억 속으로,
고스란히 선사하고,
푸른 비석 위에
어루만지듯,
미풍을 즐기게 하자.

파도여!
유쾌하지 않은가!
하늘은 금시로,
돌멩이를 굴린
살얼음판처럼
뻐개질 듯하고,
장대 같은 빗줄기가

야……
두 발을 구르며,
동동걸음을 치고,
나는
번갯불에
놀라 날치는
고기 뱃바닥의
비늘을 세고

바다야!
너의
가슴에는
사상이 들었느냐

시인의 입에
마이크 대신
재갈이 물려질 때,
노래하는 열정이
침묵 가운데
최후를 의탁할 때,

바다야!
너는 몸부림치는
육체의 곡조를
반주해라.

새 옷을 갈아입으며

젊은 아내의
부드런 손길이 쥐어짠
신선한 냇물이 향그런가?

하늘이 높은 가을,
송아지 떼가 참새를 쫓는
마을 언덕은
얼마나 아름다운 그림이냐만,
고혹적인 흙내가
나의 등골에 전류처럼
퍼붓고 지나간 것은,
어째서 고향의 불행한 노래뿐이냐?

언제부터 살찐 흙 속에 자라난
나뭇가지엔 쓴 열매밖에,
붉은 꽃 한 송이 안 피었는가!
가끔 촌사람들이
목을 매고 늘어진 이튿날 아침,
숲 속을 울리던 통곡 소리를
나는 잊지 않고 있다.

행복이란 꾀꼬리 울음이냐?
푸른 숲에서나, 누른 들에서나,
한 번 손에 잡히지 않았고,
아……
태양 아래 자유가 있다 하나,
땅 위엔 행복이 있지 않았다.

새 옷을 갈아입으며,
들창 너머로 불현듯
자유에의 갈망을 느끼려는
나의 마음아!
너는 한낱 철없는 어린애가 아니냐?

양말 속의 편지

눈보라는 하루 종일 북쪽 철창을 때리고 갔다
우리들이 그날— 회사 뒷문에서 '피케'를 모든 그 밤같이……

몇 번, 몇 번 그것은 왔다 팔 다리 콧구멍 손가락에—
그러나 나는 그것이 아프고 쓰린 것보다도 그 뒤의 일이 알고 싶어 정말 견딜 수가 없었다

늙은 어머니들 굶은 아내들이
우리들의 마음을 풀리게 하지나 않았는가 하고

그러나 모두들 다— 사나이 자식들이다
언제나 우리는 말하지 않았니
너만이 늙은 어메나 아베를 가진 게 아니고
나만이 사랑하는 계집을 가진 게 아니라고

어메 아베가 다 무에냐 계집 자식이 다 무에냐
세상의 사나이 자식이 어떻게 ××이 보기 좋게 패배하는 것을 눈깔로 보느냐

올해같이 몹시 오는 눈도 없었고 올해같이 추운 겨울도 없었다
 그래도 우리들은— 계집애 어린애까지가
 다— 기계틀을 내던지고 일어나지 않았니

 동해 바다를 거쳐 오는 모질은 바람 회사의 펌프, 징 박은 구둣발 휘몰아치는 눈보라—
 그 속에서도 우리는 이십 일이나 꿋꿋이 뻗대오지를 않았니

 해고가 다 무에냐 끌려가는 게 다 무에냐 그냥 그대로 황소같이 뻗대이고 나가자
 보아라! 이 추운 날 이 바람 부는 날—비누 궤짝 짚신짝을 신고
 우리들의 이것을 이기기 위하여
 구루마를 끌고 나아가는 저— 어린 행상대行商隊의 소년을……
 그리고 기숙사관 문 잠근 방에서 밥도 안 먹고 이불도 못 덮고

이것을 이것을 이기려고 울고 부르짖는 저— 귀여운 너희들의 계집애들을……

감방은 차다 바람과 함께 눈이 들이친다
그러나 감방이 찬 것이 지금 새삼스럽게 시작된 것이 아니다
그래도 우리들의 선수들은 몇 번째나 몇 번째나 이 추운 이 어두운 속에서
다— 그들의 쇠의 뜻을 달구었다

참자! 눈보라야 마음대로 미쳐라 나는 나대로 뻗대리라
기쁘다 ××도 ×××군도 아직 다 무사하다고?
그렇다 깊이 깊이 다— 땅속에 들어들 박혀라

응 아무런 때 아무런 놈의 것이 와도 뻗대자—
나도 이냥 이대로 돌멩이 부처같이 뻗대리라

행복은 어디 있었느냐?

두 손을 포켓에 찌른 채.
너는 누런 레인코트를 입고,
하늘을 치어다보는 양 어깨 위엔,
어느새 밤 이슬이 뽀야니 무겁다.

돌아갈 집도 멀고,
걸을 길도 아득한,
나의 젊은 마음아
외딴 교외의 플랫폼 위
너의 따르는 꿈은 무엇이냐?

첫사랑에 놀랜 조그만 가슴이,
인젠 엄청난 생각을 지녔구나.

기다리는 사람은 누구냐?
아직도 그가 올 시간은 멀었느냐?
시계를 들여다보고
이따금 별들을 헤어보고,
너는 달이 밝고,
하늘이 푸르고,

깨어지는 물방울이
진주보다도 아름다운
고향의 바닷가를
어린애처럼 거니느냐?

밤은 깊고,
그는 드디어 오지 않았구나.
구름이 쫓기듯 밀려가,
별빛마저 흐린 동경만東京灣 위
어둔 하늘 아래
아아, 너는
아무데고 하룻밤
안식의 잠자리를 구해야겠다.

너의 다섯 자 작은 몸을 누일,
따듯한 지붕 밑은 어디메냐?
자욱한 집들이나,
밝은 길을 가는 뭇 행인은
너무나 눈 설고
싸늘한 남들이라

한낱 두려운 눈알이
불똥처럼 발개서
방황하는 너의 뒤를
쏠 듯이 따를 뿐이다.

아아, 만일
기다리던 그는 영영 오지 않고,
돌아갈 집은 자리 밑가지 흐트러져
모진 운명이 머리 위를
쓸어 덮는다면
나의 마음아!
한 가지 장미처럼 곱기만 했던,
너는 인제
집 잃은 어린 아이로구나!

가이여운 마음아!
소금기를 머금은
외방 바람이.
스미는 듯 엷은 살결에 차다.
서글픈 밤,

머리에 떠올랐다 스러지고,
스러졌다간 떠오르는
그리운 사람들 눈동자 속에,
너는 무엇을 보았느냐?

가도 없는 표박漂泊의 길이
모두 다 따뜻한 요람이었고,
가는 곳마다
그들은 고향을 발견하지 않았느냐?
어느 날 고향의 요람으로
돌아갈 기약도 막막한
영원한 길손의 마음이
어리우듯 터를 잡지 않았든가,

그 속은 언 호수보다 서글펐으나
바다 속처럼 깊더라.

참말 그들도, 나도,
도토리 알 같은
어린 때의 기억만이

고향 산비탈, 들판에
줍는 이도 없이 흩어져
어쩐지 우리는 비바람 속에 외로운
한 줄기 어린 나무들 같다만
누를 수 없는 행복과 즐거움이
위도 아니고 옆도 아니고 오로지
곤란한 앞을 향하여 뻗어나가는
아아, 한 가지 정성에 있더구나!

한 잔 포도주를

찬란한 새 시대의 향연 가운데서
우리는 향그런 방향芳香 위에
화염같이 붉은 한 잔 포도주를 요구한다

새벽 공격의 긴 의논이 끝난 뒤 야영은
뼛속까지 취해야 하지 않느냐
명령일하命令一下!

승리란 싸움이 부르는 영원한 진리다
그러나 나는 또한 패배를 후회하지 않는다
승패란 자고로 싸움의 어찌할 수 없는 운명이 아니냐

중요한 것은 우리가
피로疲勞하지 않는 것이다
적에 대한 미움을 늦추지 않는 것이다
멸망을 두려워하지 않는 것이다
지혜 때문에 용기를 잃지 않는 것이다

결별에 임하여 무엇 때문에
한 그릇 냉수로 흥분을 식힐 필요가 있느냐

벗들아! 결코 위로의 노래에
귀를 기울여서는 아니 된다

동백꽃은 희고 해당화는 붉고 애인은 그보다도 아름답고
우리는 고향의 단란과 고요한 안식을 얼마나 그리워하느냐
아 이러한 모든 속에서 떠나 온 슬픔을
나는 형언할 수가 없다

그러나 회한悔恨의 오솔길로
쓸쓸히 걸어간 인생을 돌아볼
부끄러운 먼 날을 위하느니보단
아! 차라리 내일 아침 깨어지는 꿈을 위해설지라도
꽃과 애인과 승리와 패배와 원수까지를
한 정열로 찬미할 수 있는 우리 청춘을 위하여
벗들아! 축복의 붉은 술잔을 들자

9월 12일
— 1945년, 또다시 네거리에서

조선 근로자의
위대한 수령의 연설이
유행가처럼 흘러나오는
'마이크'를 높이 달고

부끄러운
나의 생애의
쓰라린 기억이
포석鋪石마다 널린
서울 거리는
비에 젖어

아득한 산도
가차운 들창도
현기眩氣로워 바라볼 수 없는
종로 거리

저 사람의 이름 부르며
위대한 수령의 만세 부르며
개아미마냥 모여드는

천만의 사람

어데선가
외로이 죽은
나의 누이의 얼굴
찬 옥방獄房에 숨지운
그리운 동무의 모습
모두 다 살아오는 날
그 밑에 전사하리라
노래부르던 깃발
자꾸만 바라보며

자랑도 재물도 없는
두 아이와
가난한 아내여

가을비 차거운
길가에
노래처럼
죽는 생애의

마지막을 그리워
눈물짓는
한 사람을 위하여

원컨대 용기이어라.

3월 1일이 온다

언 살결에
한층
바람이 차고

눈을 떠도
눈을 떠도

티끌이
날려오는 날

봄보다도
먼저
3월 1일이
온다

불행한
동포의
머리 위에
자유 대신
'남조선

민주의원'의
깃발이
늘어진

외국관서의
지붕 위
조국의 하늘이
각각刻刻으로
내려앉는
서울

우리는
흘린 피의
더운 느낌과
가득하였던
만세소리의
기억과 더불어
인민의 자유와
민주조선의 깃발을
가슴에 품고

눈을 떠도
눈을 떠도

티끌이
날려오는 날

봄보다도
일찍 오는
3월 1일 앞에
섰다.

깃발을 내리자

노름꾼과 강도를
잡던 손이
위대한 혁명가의
소매를 쥐려는
욕된 하늘에
무슨 깃발이
날리고 있느냐

동포여!
일제히
깃발을 내리자

가난한 동포의
주머니를 노리는
외국 상관의
늙은 종들이
광목과 통조림의
밀매를 의논하는
폐廢 왕국의
상표를 위하여

우리의 머리 위에
국기를 날릴
필요가 없다

동포여
일제히
깃발을 내리자

살인의 자유와
약탈의 신성神聖이
주야로 방송되는
남부 조선
더러운 하늘에
무슨 깃발이
날리고 있느냐

동포여
일제히
깃발을 내리자

학병學兵 돌아오다

.

무거운 걸음은
날마다 넓은
땅에 있었고

바라다보는
하늘의 방향은
밤마다 달랐다

오늘은 남쪽
내일은 북쪽

이르는 곳마다
고향의 위치는 바뀌어
정오면 해가
지나가는 천심天心엔
언제나 별이 가득하였다

외로움이
죽음보다 무서운 밤
그대들의 적敵과

적의 적이 널린
망망한 들 가에
기적奇蹟처럼
위태로이 서서
절망 가운데
용기를 깨닫는
조국의 속삭임을
들었으리라

죽음도 삶도 없는
마음의 한 가닥 길 위
죽은 사람도 없이
산 사람도 없이
고스란히 그대들은
어머니 아버지 나라로
돌아왔다

아아
어린 영혼들아
젊은 생명들아

그대들의 청춘을
외로움과 죽음으로
내어 몰은
패망한 적과
부유한 동포에게
이젠
경건한 인사를
드려도 좋을
때가 왔다.

초혼招魂

— 1946년 1월 19일 새벽 서울 삼청동 조선학병동
맹회관 전투에서 사몰死歿한 세 용사의 영령 앞
에 드리노라.

돌아오라

　박진동朴晋東
　김성익金星翼
　이달李達

외로운 너희의 영혼은 어느 하늘 가에 있나뇨
밤하늘 차운 길에 간단 말도 없이 호올로 나서
너희는 동무도 없이 어데로 어데로 걸어 가나뇨

어느 동족이 있어 너희들을 죽이되 전사戰士로서 하지 아
니하고
　도적의 떼와 같이 어두운 밤 소리도 없이 하였나뇨

원수의 쫓임에 어린 사슴처럼 죽음의 땅에 이르러서도
　조국의 하늘을 우러러 보던 눈은 다시 어디에서 조국을
바라보나뇨

너희의 영혼은 아직도 조국의 하늘에 있느냐
돌아오라 가든 길 멈추어 다시 우리에게 돌아오라.

이 상 화	
	연 보

1908(1세) 10월 13일, 서울 낙산駱山 기슭에서 태어남. 가문의 이력이나 가족 상황에 대해서는 거의 알려져 있지 않음. 본명은 인식仁植.

1921(14세) 서울 보성중학 입학. 이강국, 이헌구, 유진산 등이 동기.

1925(18세) 보성중학을 중퇴하고 가출.

1926(19세) 매일신보와 조선일보에 성아星兒라는 필명으로 시와 수필 등을 발표.

1927(20세) ≪조선지광≫에 「화가의 시」로 등단. 임화라는 필명을 사용하기 시작함. 카프 가맹. 아나키즘 논쟁 참여.

1928(21세) 영화 <유랑> <혼가> 등의 주연 배우를 맡음. 카프 중앙위원이 됨.

1929(22세) 「우리 오빠와 화로>, 「네거리의 순이」 등의 단편 서사시 계열의 시를 발표, 일본으로 건너감.

1930(23세) 무산자사에서 이북만, 김남천, 안막, 한재덕, 김두용 등과 활동.

1931(24세) 귀국. 이북만의 동생 이귀례와 결혼. 볼셰비키화를 주장하며 카프의 헤게모니를 장악. 카프 1차 검거로 투옥, 9월경 불기소로 석방.
11월. 김창술, 권환, 박세영, 안막 등과 함께 『카프시인집』(집단사) 간행. 12월, 딸 혜란을 낳음.

1932(25세) 4월 윤기정의 후임으로 카프 중앙위원회 서기장이 됨. 카프 기관지인 <집단>의 책임 편집을 맡았으나 발간은 하지 못함.

1933(26세) 김남천과 물논쟁을 벌임.

1934(27세) 카프 2차 검거(전주 사건)가 일어났으나 폐결핵으로 검거 모면. 이귀례와 헤어짐. 평양, 서울의 탑골승방 등을 떠돌며 요양.

1935(28세) 일제의 지속적 탄압과 제2차 카프 검거로 조직이 와해되고 활동이 정지된 상태에서 일제의 직접적인 해산 압력을 받아 제2차 검거로 구속된 동맹원들에 대한 서면질의 형태를 밟아 5월 20일 김남천, 임화, 김기진이 카프의 해산을 협의하여 임화가 동대문서 고등계에 카프 해산계를 제출, 8월 마산으로 요양하러 내려감. 소설가 지하련池河蓮과 재혼.『조선신문학사론 서설』집필.

1937(30세) 학예사 운영.

1938(31세) 첫 시집『현해탄玄海灘』(동광당) 간행.

1939(32세) 「개설 조선 신문학사」연재 시작.

1940(33세) 이식문화사론을 정식화한「조선문학 연구의 과제」발표. 고려영화사 문예부의 촉탁으로 1942(10세)까지 근무. 평론집『문학의 논리』(학예사) 간행.

1943(36세) 조선영화문화연구소 촉탁에 취임, 1944년까지 근무.

1945(38세) 8월 조선문학건설본부 서기장.

1946(39세) 조선문학가동맹 중앙 집행위원. 조선문학가동맹 주최 제 1회 조선문학자대회에서 「조선 민족문학 건설의 기본과제에 관한 일반보고』 발제. 조선문화단체 총연맹 부위원장.

1947(40세) 제2시집 『찬가讚歌』(백양당) 간행. 첫 시집 「현해탄」의 재판인 『회상시집』(건설출판사) 간행.

8월 12일 새벽 좌파에 대한 대 검거령 이후 더 이상 남한에서의 활동이 불가하다 판단하고 박헌영을 따라 이원조가 있던 해주로 월북(11. 20). 북한 해주 제1인쇄소에서 일함. 조소문화협회 중앙위원회 부위원장.

1950(43세) 6·25 전쟁 참전. 조선문화총동맹 부위원장.

1951(44세) 시집 『너 어느 곳에 있느냐』 간행.

1953(46세) 8월 조선민주주의 인민공화국 정권 전복 음모와 반국가적 간첩 테러 및 선전선동 행위에 대한 사건으로 북한 당국에 의해 처형.

1988년 120여 명의 월북(납북)문인 작품이 해제된 7.19. 해금조치로 임화의 저작물이 해금됨.

〚한국대표명시선100〛을 펴내며

한국 현대시 100년의 금자탑은 장엄하다. 오랜 역사와 더불어 꽃피워온 얼·말·글의 새벽을 열었고 외세의 침략으로 역경과 수난 속에서도 모국어의 활화산은 더욱 불길을 뿜어 세계문학 속에 한국시의 참모습을 드러내게 되었다.

이 나라는 글의 나라였고 이 겨레는 시의 겨레였다. 글로 사직을 지키고 시로 살림하며 노래로 산과 물을 감싸왔다. 오늘 높아져 가는 겨레의 위상과 자존의 바탕에도 모국어의 위대한 용암이 들끓고 있음이다.

이제 우리는 이 땅의 시인들이 척박한 시대를 피땀으로 경작해온 풍성한 시의 수확을 먼 미래의 자손들에게까지 누리고 살 양식으로 공급하는 곳간을 여는 일에 나서야 할 때임을 깨닫고 서두르는 것이다.

일찍이 만해는 「님의 침묵」으로 빼앗긴 나라를 되찾고 잃어가는 민족정신을 일으켜 세우는 밑거름으로 삼았으며 그 기품의 뜻은 높은 뫼로 솟아오르고 너른 바다로 뻗어나가고 있다.

만해가 시를 최초로 활자화한 것은 옥중시 「무궁화를 심고자」(≪개벽≫ 27호 1922.9)였다. 만해사상실천선양회는 그 아흔 돌을 맞아 만해의 시정신을 기리는 일의 하나로 '한국대표명시선100'을 펴내게 된 것이다.

이로써 시인들은 더욱 붓을 가다듬어 후세에 길이 남을 명편들을 낳는 일에 나서게 될 것이고, 이 겨레는 이 크나큰 모국어의 축복을 길이 가슴에 새겨나갈 것이다.

만해사상실천선양회

한국대표명시선100 | **임 화**

우리 오빠와 화로

1판1쇄 인쇄 2013년 7월 25일
1판1쇄 발행 2013년 7월 29일

지 은 이 임 화
뽑 은 이 만해사상실천선양회
펴 낸 이 이 창 섭
펴 낸 곳 **시인생각**
등 록 번 호 제2012-000007호(2012.7.6)
주   소 경기도 양평군 옥천면 고읍로 164
          ㉾476-832
전   화 (031)955-4961
팩   스 (031)955-4960
홈 페 이 지 http://www.dhmunhak.com
이 메 일 lkb4000@hanmail.net

값 6,000원

ISBN 978-89-98047-81-8 03810

* 잘못된 책은 책을 구입하신 서점에서 교환하여 드립니다.

※ 이 책은 만해사상실천선양회의 지원으로 간행되었습니다.